Poésies

comte de Lautréamont

Alpha Editions

This edition published in 2023

ISBN : 9789357960151

Design and Setting By
Alpha Editions
www.alphaedis.com
Email - info@alphaedis.com

POÉSIES

I

Les gémissements poétiques de ce siècle ne sont que des sophismes.

Les premiers principes doivent être hors de discussion.

J'accepte Euripide et Sophocle; mais je n'accepte pas Eschyle.

Ne faites pas preuve de manque des convenances les plus élémentaires et de mauvais goût envers le créateur.

Repoussez l'incrédulité: vous me ferez plaisir.

Il n'existe pas deux genres de poésies; il n'en est qu'une.

Il existe une convention peu tacite entre l'auteur et le lecteur, par laquelle le premier s'intitule malade, et accepte le second comme garde-malade. C'est le poète qui console l'humanité! Les rôles sont intervertis arbitrairement.

Je ne veux pas être flétri d«da qualification de poseur.

Je ne laisserai pas des Mémoires.

La poésie n'est pas la tempête, pas plus que le cyclone. C'est un fleuve majestueux et fertile.

Ce n'est qu'on admettant la nuit physiquement, qu'on est parvenu à la faire passer moralement. O *Nuits d'Young!* vous m'avez causé beaucoup de migraines!

On ne rêve que lorsque l'on dort. Ce sont des mots comme celui de rêve, néant de la vie, passage terrestre, la préposition peut-être, le trépied désordonné, qui ont infiltré dans vos âmes cette poésie moite des langueurs, pareille à de la pourriture. Passer des mots aux idées, il n'y a qu'un pas.

Les perturbations, les anxiétés, les dépravations, la mort, les exceptions dans l'ordre physique ou moral, l'esprit de négation, les abrutissements, les hallucinations servies par la volonté, les tourments, la destruction, les renversements, les larmes, les insatiabilités, les asservissements, les imaginations creusantes, les romans, ce qui est inattendu, ce qu'il ne faut pas faire, les singularités chimiques de vautour mystérieux qui guette la charogne de quelque illusion morte, les expériences précoces et avortées, les obscurités à carapace de punaise, la monomanie terrible de l'orgueil, l'inoculation des stupeurs profondes, les oraisons funèbres, les envies, les trahisons, les tyrannies, les impiétés, les irritations, les acrimonies, les incartades agressives, la démence, le spleen, les épouvantements raisonnes, les inquiétudes étranges, que le lecteur préférerait ne pas éprouver, les grimaces, les névroses, les filières sanglantes par lesquelles on fait passer la logique aux abois, les exagérations, l'absence de sincérité, les scies, les platitudes, le sombre, le lugubre, les enfantements pires que les meurtres, les passions, le clan des romanciers de cours d'assises, les tragédies, les odes, les mélodrames, les extrêmes présentés à perpétuité, la raison impunément sifflée, les odeurs de poule mouillée, les affadissements, les grenouilles, les poulpes, les requins, le simoun des déserts, ce qui est somnambule, louche, nocturne, somnifère, noctambule, visqueux, phoque parlant, équivoque, poitrinaire, spasmodique, aphrodisiaque, anémique, borgne, hermaphrodite, bâtard, albinos, pédéraste, phénomène d'aquarium et femme à barbe, les heures soûles du découragement taciturne, les fantaisies, les Acrotés, les monstres, les syllogismes démoralisateurs, les ordures, ce qui ne réfléchit pas comme l'enfant, la désolation, ce mancenillier intellectuel, les chancres parfumés, les cuisses aux camélias, la culpabilité d'un écrivain qui roule sur la pente du néant et se méprise lui-même avec des cris joyeux, les remords, les hypocrisies, les perspectives vagues qui vous broient dans leurs engrenages imperceptibles, les crachats sérieux sur les axiomes sacrés, la vermine et ses chatouillements insinuants, les préfaces insensées, comme celles de Cromwell, de Mlle de Maupin et de Dumas fils, les caducités, les impuissances, les blasphèmes, les asphyxies, les étouffements, les rages,—devant ces charniers immondes, que je rougis de nommer, il est temps de réagir enfin contre ce qui nous choque et nous courbe si souverainement.

Votre esprit est entraîné perpétuellement hors de ses gonds, et surpris dans le piège de ténèbres construit avec un art grossier par l'égoïsme et l'amour-propre.

Le goût est la qualité fondamentale qui résume toutes les autres qualités. C'est le *nec plus ultra* de l'intelligence. Ce n'est que par lui seul que le génie est la santé suprême et l'équilibre de toutes les facultés. Villemain est trente-quatre fois plus intelligent qu'Eugène Sue et Frédéric Soulié. Sa préface du *Dictionnaire de l'Académie* verra la mort des romans de Walter Scott, de Fenimore Cooper, de tous les romans possibles et imaginables. Le roman est un genre faux, parce qu'il décrit les passions pour elles-mêmes: la conclusion morale est absente. Décrire les passions n'est rien; il suffit de naître un peu chacal, un peu vautour, un peu panthère. Nous n'y tenons pas. Les décrire, pour les soumettre à une haute moralité, comme Corneille, est autre chose. Celui qui s'abstiendra de faire la première choses tout en restant capable d'admirer et de comprendre ceux à qui il est donné de faire la deuxième, surpasse, de toute la supériorité des vertus sur les vices, celui qui fait la première.

Par cela seul qu'un professeur de seconde se dit: «Quand on me donnerait tous les trésors de l'univers, je ne voudrais pas avoir fait des romans pareils à ceux de Balzac et d'Alexandre Dumas,» par cela seul, il est plus intelligent qu'Alexandre Dumas et Balzac. Par cela seul qu'un élève de troisième s'est pénétré qu'il ne faut pas chanter les difformités physiques et intellectuelles, par cela seul, il est plus fort, plus capable, plus intelligent que Victor Hugo, s'il n'avait fait que des romans, des drames et des lettres.

Alexandre Dumas fils ne fera jamais, au grand jamais, un discours de distribution des prix pour un lycée. Il ne connaît pas ce que c'est que la morale. Elle ne transige pas. S'il le faisait, il devrait auparavant biffer d'un trait de plume tout ce qu'il a écrit jusqu'ici, en commençant par ses Préfaces absurdes. Réunissez un jury d'hommes compétents: je soutiens qu'un bon élève de seconde est plus fort que lui dans n'importe quoi, même dans la même dans la *sale* question des courtisanes.

Les chefs-d'oeuvre de la langue française sont les discours de distribution pour les lycées, et les discours académiques. En effet, l'instruction de la jeunesse est peut-être la plus belle expression pratique du devoir, et une bonne appréciation des ouvrages de Voltaire (creusez le mot appréciation) est préférable à ces ouvrages eux-mêmes.—Naturellement!

Les meilleurs auteurs de romans et de drames dénatureraient à la longue la fameuse idée du bien, si les corps enseignants, conservatoires du juste, ne retenaient les générations jeunes et vieilles dans la voie de l'honnêteté et du travail.

En son nom personnel, malgré elle, il le faut, je viens renier, avec une volonté indomptable, et une ténacité de fer, le passé hideux de l'humanité pleurarde. Oui: je veux proclamer le beau sur une lyre d'or, défalcation faite des tristesses goîtreuses et des fiertés stupides qui décomposent, à sa source, la poésie marécageuse de ce siècle. C'est avec les pieds que je foulerai les stances aigres du scepticisme, qui n'ont pas leur motif d'être. Le jugement, une fois entré dans l'efflorescence de son énergie, impérieux et résolu, sans balancer une seconde dans les incertitudes dérisoires d'une pitié mal placée, comme un procureur général, fatidiquement, les condamne. Il faut veiller sans relâche sur les insomnies purulentes et les cauchemars atrabilaires. Je méprise et j'exècre l'orgueil, et les voluptés infâmes d'une ironie, faite éteignoir, qui déplace la justesse de la pensée.

Quelques caractères, excessivement intelligents, il n'y a pas lieu que vous l'infirmiez par des palinodies d'un goût douteux, se sont jetés, à tête perdue, dans les bras du mal. C'est l'absinthe, savoureuse, je ne le crois pas, mais, nuisible, qui tua moralement l'auteur de *Rolla*. Malheur à ceux qui sont gourmands! A peine est-il entré dans l'âge mûr, l'aristocrate anglais, que sa harpe se brise sous les murs de Missolonghi, après n'avoir cueilli sur son passage que les fleurs qui couvent l'opium des mornes anéantissements.

Quoique plus grand que les génies ordinaires, s'il s'était trouvé de son temps un autre poète, doué, comme lui, à doses semblables, d'une intelligence exceptionnelle, et capable de se présenter comme son rival, il aurait avoué, le premier, l'inutilité de ses efforts pour produire des malédictions disparates; et que, le bien exclusif est, seul, déclaré digne, de par la voix de tous les mondes, de s'approprier notre estime. Le fait fut qu'il n'y eut personne pour le combattre avec avantage. Voilà ce qu'aucun n'a dit. Chose étrange! même en feuilletant les recueils et les livres de son époque, aucun critique n'a songé à mettre en relief le rigoureux syllogisme qui précède. Et ce n'est que celui qui le surpassera qui peut l'avoir inventé. Tant on était rempli de stupeur et d'inquiétude, plutôt que d'admiration réfléchie, devant des ouvrages écrits d'une main perfide, mais qui révélaient, cependant, les manifestations imposantes d'une âme qui n'appartient pas au vulgaire des hommes, et qui se trouvait à son aise dans les conséquences dernières d'un des deux moins obscurs problèmes qui intéressent les coeurs non-solitaires: le bien, le mal. Il n'est pas donné à quiconque d'aborder les extrêmes, soit dans un sens, soit dans un autre. C'est ce qui explique pourquoi, tout en louant, sans arrière-pensée, l'intelligence merveilleuse dont il dénote à chaque instant la preuve, lui, un des quatre ou cinq phares de l'humanité, l'on fait, en silence, ses nombreuses réserves sur les applications et l'emploi injustifiables qu'il en a faits sciemment. Il n'aurait pas dû parcourir les domaines sataniques.

La révolte féroce des Troppmann, des Napoléon Ier, des Papavoine, des Byron, des Victor Noir et des Charlotte Corday sera contenue à distance de mon regard sévère. Ces grands criminels, à des titres si divers, je les écarte d'un geste. Qui croit-on tromper ici, je le demande avec une lenteur qui s'interpose? O dadas de bagne! Bulles de savon! Pantins en baudruche! Ficelles usées! Qu'ils s'approchent, les Konrad, les Manfred, les Lara, les marins qui ressemblent au Corsaire, les Méphistophélès, les Werther, les Don Juan, les Faust, les Iago, les Rodin, les Caligula, les Caïu, les Iridion, les mégères à l'instar de Colomba, les Ahrimane, les manitous manichéens, barbouillés de cervelle, qui cuvent le sang de leurs victimes dans les pagodes sacrées de l'Hindoustan, le serpent, le crapaud et le crocodile, divinités, considérées comme anormales, de l'antique Égypte, les sorciers et les puissances démoniaques du moyen âge, les Prométhée, les Titans de la mythologie foudroyés par Jupiter, les Dieux Méchants vomis par l'imagination primitive des peuples barbares,—toute la série bruyante des diables en carton. Avec la certitude de les vaincre, je saisis la cravache de l'indignation et de la concentration qui soupèse, et j'attends ces monstres de pied ferme, comme leur dompteur prévu.

Il y a des écrivains ravalés, dangereux loustics, farceurs au quarteron, sombres mystificateurs, véritables aliénés, qui mériteraient de peupler Bicêtre. Leurs têtes crétinisantes, d'où une tuile a été enlevée, créent des fantômes gigantesques, qui descendent au lieu de monter. Exorcice scabroux; gymnastique spécieuse. Passez donc, grotesque muscade. S'il vous plaît, retirez-vous de ma présence, fabricateurs, à la douzaine, de rébus défendus, dans lesquels je n'apercevais pas auparavant, du premier coup, comme aujourd'hui, le joint de la solution frivole. Cas pathologique d'un égoïsme formidable. Automates fantastiques: indiquez-vous du doigt, l'un à l'autre, mes enfants, l'épithète qui les remet à leur place.

S'ils existaient, sous la réalité plastique, quelque part, ils seraient, malgré leur intelligence avérée, mais fourbe, l'opprobre, le fiel, des planètes qu'ils habiteraient la honte. Figurez-vous les, un instant, réunis en société avec des substances qui seraient leurs semblables. C'est une succession non interrompue de combats, dont ne rêveront pas les boule-dogues, interdits en France, les requins et les macrocéphales-cachalots. Ce sont des torrents de sang, dans ces régions chaotiques pleines d'hydres et de minotaures, et d'où la colombe, effarée sans retour, s'enfuit à tire-d'aile. C'est un entassement de bêtes apocalyptiques, qui n'ignorent pas ce qu'elles font. Ce sont des chocs de passions, d'irréconciliabilités et d'ambitions, à travers les hurlements d'un orgueil qui ne se laisse pas lire, se contient, et dont personne ne peut, même approximativement, sonder les écueils et les bas-fonds.

Mais, ils ne m'en imposeront plus. Souffrir est une faiblesse, lorsqu'on peut s'en empêcher et faire quelque chose de mieux. Exhaler les souffrances d'une splendeur non équilibrée, c'est prouver, ô moribonds des maremmes perverses! moins de résistance et de courage, encore. Avec ma voix et ma solennité des grands jours, je te rappelle dans mes foyers déserts, glorieux espoir. Viens t'asseoir à mes côtés, enveloppé du manteau des illusions, sur le trépied raisonnable des apaisements. Comme un meuble de rebut, je t'ai chassé de ma demeure, avec un fouet aux cordes de scorpions. Si tu souhaites que je sois persuadé que tu as oublié, en revenant chez moi, les chagrins que, sous l'indice des repentirs, je t'ai causés autrefois, crebleu, ramène alors avec toi, cortège sublime,—soutenez-moi, je m'évanouis!—les vertus offensées, et leurs impérissables redressements.

Je constate, avec amertume, qu'il ne reste plus que quelques gouttes de sang dans les artères de nos époques phthisiques. Depuis les pleurnicheries odieuses et spéciales, brevetées sans garantie d'un point de repère, des Jean-Jacques Rousseau, des Chateaubriand et des nourrices en pantalon aux poupons Obermann, à travers les autres poètes qui se sont vautrés dans le limon impur, jusqu'au songe de Jean-Paul, le suicide de Dolorès de Veintemilla, le Corbeau d'Allan, la Comédie Infernale du Polonais, les yeux sanguinaires de Zorilla, et l'immortel cancer, Une Charogne, que peignit autrefois, avec amour, l'amant morbide de la Vénus hottentote, les douleurs invraisemblables que ce siècle s'est créées à lui-même, dans leur voulu monotone et dégoûtant, l'ont rendu poitrinaire. Larves absorbantes dans leurs engourdissements insupportables!

Allez, la musique.

Oui, bonnes gens, c'est moi qui vous ordonne de brûler, sur une pelle, rougie au feu, avec un peu de sucre jaune, le canard du doute, aux lèvres de vermouth, qui, répandant, dans une lutte mélancolique entre le bien et le mal, des larmes qui ne viennent pas du coeur, sans machine pneumatique, fait, partout, le vide universel. C'est ce que vous avez de mieux à faire.

Le désespoir, se nourrissant avec un parti pris, de ses fantasmagories, conduit imperturbablement le littérateur à l'abrogation en masse des lois divines et sociales, et à la méchanceté théorique et pratique. En un mot, fait prédominer le derrière humain dans les raisonnements. Allez, et passez-moi le mot! L'on devient méchant, je le répète, et les yeux prennent la teinte des condamnés à mort. Je ne retirerai pas ce que j'avance. Je veux que ma poésie puisse être lue par une jeune fille de quatorze ans.

La vraie douleur est incompatible avec l'espoir. Pour si grande que soit cette douleur, l'espoir, de cent coudées, s'élève plus haut encore. Donc, laissez-moi tranquille avec les chercheurs. A bas, les pattes, à bas, chiennes cocasses, faiseurs d'embarras, poseurs! Ce qui souffre, ce qui dissèque les mystères qui nous entourent, n'espère pas. La poésie qui discute les vérités nécessaires est moins belle que celle qui ne les discute pas. Indécisions à outrance, talent mal employé, perte du temps: rien ne sera plus facile à vérifier.

Chanter Adamastor, Jocelyn, Rocambole, c'est puéril. Ce n'est même que parce que l'auteur espère que le lecteur sous-entend qu'il pardonnera à ses héros fripons, qu'il se trahit lui-même et s'appuie sur le bien pour faire passer la description du mal. C'est au nom de ces mêmes vertus que Frank a méconnues, que nous voulons bien le supporter, ô saltimbanques des malaises incurables.

Ne faites pas comme ces explorateurs sans pudeur, magnifiques, à leurs yeux, de mélancolie, qui trouvent des choses inconnues dans leur esprit et dans leur corps!

La mélancolie et la tristesse sont déjà le commencement du doute; le doute est le commencement du désespoir; le désespoir est le commencement cruel des différents degrés de la méchanceté. Pour vous en convaincre, lisez la *Confession d'un enfant du siècle*. La pente est fatale, une fois qu'on s'y engage. Il est certain qu'on arrive à la méchanceté. Méfiez-vous de la pente. Extirpez le mal par la racine. Ne flattez pas le culte d'adjectifs tels que indescriptible, inénarrable, rutilant, incomparable, colossal, qui mentent sans vergogne aux substantifs qu'ils défigurent: ils sont poursuivis par la lubricité.

Les intelligences de deuxième ordre, comme Alfred de Musset, peuvent pousser rétivement une ou deux de leurs facultés beaucoup plus loin que les facultés correspondantes des intelligences de premier ordre, Lamartine, Hugo. Nous sommes en présence du déraillement d'une locomotive surmenée. C'est un cauchemar qui tient la plume. Apprenez que l'âme se compose d'une vingtaine de facultés. Parlez-moi de ces mendiants qui ont un chapeau grandiose, avec des haillons sordides!

Voici un moyen de constater l'infériorité de Musset sous les deux poètes. Lisez, devant une jeune fille, *Rolla* ou *les Nuits*, *les Fous* de Cobb, sinon les portraits de Gwynplaine et de Dea, ou le Récit de Théramène d'Euripide, traduit en vers français par Racine le père. Elle tressaille, fronce les sourcils, lève et abaisse les mains, sans but déterminé, comme un homme qui se noie; les yeux jetteront des lueurs verdâtres. Lisez-lui la *Prière pour-tous*, de Victor Hugo. Les effets sont diamétralement opposés. Le genre d'électricité n'est plus le même. Elle rit aux éclats, elle en demande davantage.

De Hugo, il ne restera que les poésies sur les enfants, où se trouve beaucoup de mauvais.

Paul et Virginie choque nos aspirations les plus profondes au bonheur. Autrefois, cet épisode qui broie du noir de la première à la dernière page, surtout le naufrage final, me faisait grincer des dents. Je me roulais sur le tapis et donnais des coups de pied à mon cheval en bois. La description de la douleur est un contre-sens. Il faut faire voir tout en beau. Si cette histoire était racontée dans une simple biographie, je ne l'attaquerais point. Elle change tout de suite de caractère. Le malheur devient auguste par la volonté impénétrable de Dieu qui le créa. Mais l'homme ne doit pas créer le malheur dans ses livres. C'est ne vouloir, à toutes forces, considérer qu'un seul côté des choses. O hurleurs maniaques que vous êtes!

Ne reniez pas l'immortalité de l'âme, la sagesse de Dieu, la grandeur de la vie, l'ordre qui se manifeste dans l'univers, la beauté corporelle, l'amour de la famille, le mariage, les institutions sociales. Laissez de côté les écrivassiers funestes: Sand, Balzac, Alexandre Dumas, Musset, Du Terrail, Féval, Flaubert, Baudelaire, Leconte et la *Grève des Forgerons*!

Ne transmettez à ceux qui vous lisent que l'expérience qui se dégage de la douleur, et qui n'est plus la douleur elle-même. Ne pleurez pas en public.

Il faut savoir arracher des beautés littéraires jusque dans le sein de la mort; mais ces beautés n'appartiendront pas à la mort. La mort n'est ici que la cause occasionnelle. Ce n'est pas le moyen, c'est le but, qui n'est pas elle.

Les vérités immuables et nécessaires, qui font la gloire des nations, et que le doute s'efforce envahi d'ébranler, ont commencé depuis les âges. Ce sont des choses auxquelles on ne devrait pas toucher. Ceux qui veulent faire de l'anarchie en littérature, sous prétexte de nouveau, tombent dans le contre-sens. On n'ose pas attaquer Dieu; on attaque l'immortalité de l'âme. Mais, l'immortalité de l'âme, elle aussi, est vieille comme les assises du monde. Quelle autre croyance la remplacera, si elle doit être remplacée? Ce ne sera pas toujours une négation.

Si l'on se rappelle la vérité d'où découlent toutes les autres, la bonté absolue de Dieu et son ignorance absolue du mal, les sophismes s'effondreront d'eux-mêmes. S'effondrera, dans un temps pareil, la littérature peu poétiques qui s'est appuyée sur eux. Toute littérature qui discute les axiomes éternels est condamnée à ne vivre que d'elle-même. Elle est injuste. Elle se dévore le foie. Les *norissima Verba* font sourire superbement les gosses sans mouchoir de la quatrième. Nous n'avons pas le droit d'interroger le Créateur sur quoi que ce soit.

Si vous êtes malheureux, il ne faut pas le dire au lecteur. Gardez cela pour vous.

Si on corrigeait les sophismes dans le sens des vérités correspondantes à ces sophismes, ce n'est que la correction qui serait vraie; tandis que la pièce ainsi remaniée, aurait le droit de ne plus s'intituler fausse. Le reste serait hors du vrai, avec trace de faux, par conséquent nul, et considéré, forcément, comme non avenu.

La poésie personnelle a fait son temps de jongleries relatives et de contorsions contingentes. Reprenons le fil indestructible de la poésie impersonnelle, brusquement interrompu depuis la naissance du philosophe manqué de Ferney, depuis l'avortement du grand Voltaire.

Il parait beau, sublime, sous prétexte d'humilité ou d'orgueil, de discuter les causes finales, d'en fausser les conséquences stables et connues. Détrompez-vous, parce qu'il n'y a rien de plus bête! Renouons la chaîne régulière avec les temps passés; la poésie est la géométrie par excellence. Depuis Racine, la poésie n'a pas progressé d'un millimètre. Elle a reculé. Grâce à qui? aux Grandes-Têtes-Molles de notre époque. Grâce aux femmelettes, Chateaubriand, le Mohican-Mélancolique; Sénancourt, l'Homme-en-Jupon; Jean-Jacques Rousseau, le Socialiste-Grincheur; Anne Radcliffe, le Spectre-Toqué; Edgar Poë, le Mameluck-des-Rêves-d'Alcool; Mathurin, le Compère-des-Ténèbres; Georges Sand, l'Hermaphrodite-Circoncis; Théophile Gautier, l'Incomparable-Epicier; Leconte, le Captif-du-Diable; Goethe, le Suicidé-pour-Pleurer; Sainte-Beuve, le Suicidé-pour-Rire; Lamartine, la Cigogne-Larmoyante; Lermontoff, le Tigre-qui-Rugit; Victor Hugo, le Funèbre-Échalas-Vert; Misçkiéwicz, l'Imitateur-de-Satan; Musset, le Gandin-Sans-Chemise-Intellectuelle; et Byron, l'Hippopotame-des-Jungles-Infernales.

Le doute a existé de tout temps en minorité. Dans ce siècle, il est en majorité. Nous respirons la violation du devoir par les pores. Cela ne s'est vu qu'une fois; cela ne se reverra plus.

Les notions de la simple raison sont tellement obscurcies à l'heure qu'il est, que, la première chose que font les professeurs de quatrième, quand ils apprennent à faire des vers latins à leurs élèves, jeunes poètes dont la lèvre est humectée du lait maternel, c'est de leur dévoiler par la pratique le nom d'Alfred de Musset. Je vous demande un peu, beaucoup! Les professeurs de troisième, donc, donnent, dans leurs classes à traduire, en vers grecs, deux sanglants épisodes. Le premier, c'est la repoussante comparaison du pélican. Le deuxième, sera l'épouvantable catastrophe arrivée à un laboureur. A quoi bon regarder le mal? N'est-il pas en minorité? Pourquoi pencher la tête d'un lycéen sur des questions qui, faute de n'avoir pas été comprises, ont fait perdre la leur à des hommes tels que Pascal et Byron?

Un élève m'a raconté, que son professeur de seconde avait donné à sa classe, jour par jour, ces deux charognes à traduire en vers hébreux. Ces plaies de la nature animale et humaine le rendirent malade pendant un mois, qu'il passa à l'infirmerie. Comme nous nous connaissions, il me fit demander par sa mère. Il me raconta, quoique avec naïveté, que ses nuits étaient troublées par des rêves de persistance. Il croyait voir une armée de pélicans qui s'abattaient sur sa poitrine, et la lui déchiraient. Ils s'envolaient ensuite vers une chaumière en flammes. Ils mangeaient la femme du laboureur et ses enfants. Le corps noirci de brûlures, le laboureur sortait de la maison, engageait avec les pélicans un combat atroce. Le tout se précipitait dans la chaumière, qui retombait en éboulements. De la masse soulevée des décombres—cela ne ratait jamais—il voyait sortir son professeur de seconde, tenant d'une main son coeur, de l'autre une feuille de papier où l'on déchiffrait, en traits de soufre, la comparaison du pélican et celle du laboureur, telles que Musset lui-même les a composées. Il ne fut pas facile, au premier abord, de pronostiquer son genre de maladie. Je lui recommandai de se taire soigneusement, et de n'en parler à personne, surtout à son professeur de seconde. Je conseillai à sa mère de le prendre quelques jours chez elle, en assurant que cela se passerait. En effet, j'avais soin d'arriver chaque jour pendant quelques heures, et cela se passa.

Il faut que la critique attaque la forme, jamais le fond de vos idées, de vos phrases. Arrangez-vous.

Les sentiments sont la forme de raisonnement la plus incomplète qui se puisse imaginer.

Toute l'eau de la mer ne suffirait pas à laver une tache de sang intellectuelle.

POÉSIES

II

Le génie garantit les facultés du coeur.

L'homme n'est pas moins immortel que l'âme.

Les grandes pensées viennent de la raison!

La fraternité n'est pas un mythe.

Les enfants qui naissent ne connaissent rien de la vie, pas même la grandeur.

Dans le malheur, les amis augmentent.

Vous qui entrez, laissez tout désespoir.

Bonté, ton nom est homme.

C'est ici que demeure la sagesse des nations.

Chaque fois que j'ai lu Shakspeare, il m'a semblé que je déchiqueté la cervelle d'un jaguar.

J'écrirai mes pensées avec ordre, par un dessein sans confusion. Si elles sont justes, la première venue sera la conséquence des autres. C'est le véritable ordre. Il marque mon objet par le désordre calligraphique. Je ferais trop de déshonneur à mon sujet, si je ne le traitais pas avec ordre. Je veux montrer qu'il en est capable.

Je n'accepte pas le mal. L'homme est parfait. L'âme ne tombe pas. Le progrès existe. Le bien est irréductible. Les antéchrists, les anges accusateurs, les peines éternelles, les religions sont le produit du doute.

Dante, Milton, décrivant hypothétiquement les landes infernales, ont prouvé que c'étaient des hyènes de première espèce. La preuve est excellente. Le résultat est mauvais. Leurs ouvrages ne s'achètent pas.

L'homme est un chêne. La nature n'en compte pas de plus robuste. Il ne faut pas que l'univers s'arme pour le défendre. Une goutte d'eau ne suffit pas à sa préservation. Même quand l'univers le défendrait, il ne serait pas plus déshonoré que ce qui ne le préserve pas. L'homme sait que son règne n'a pas de mort, que l'univers possède un commencement. L'univers ne sait rien: c'est, tout au plus, un roseau pensant.

Je me figure Elohim plutôt froid que sentimental.

L'amour d'une femme est incompatible avec l'amour de l'humanité. L'imperfection doit être rejetée. Rien n'est plus imparfait que l'égoïsme à deux. Pendant la vie, les défiances, les récriminations, les serments écrits dans la poudre pullulent. Ce n'est plus l'amant de Chimène; c'est l'amant de Graziella. Ce n'est plus Pétrarque; c'est Alfred de Musset. Pendant la mort, un quartier de roche auprès de la mer, un lac quelconque, la forêt de Fontainebleau, l'Ile d'Ischia, un cabinet de travail en compagnie d'un corbeau, une chambre ardente avec un crucifix, un cimetière où surgit, aux rayons d'une lune qui finit par agacer, l'objet aimé, des stances où un groupe de filles dont on ne sait pas le nom, viennent balader à tour de rôle, donner la mesure de l'auteur, font entendre des regrets. Dans les deux cas, la dignité ne se retrouve point.

L'erreur est la légende douloureuse.

Les hymnes à Elohim habituent la vanité à ne pas s'occuper des choses de la terre. Tel est recueil des hymnes. Ils déshabituent l'humanité à compter sur l'écrivain. Elle le délaisse. Elle l'appelle mystique, aigle, parjure à sa mission. Vous n'êtes pas la colombe cherchée.

Un pion pourrait se taire un bagage littéraire, eu disant le contraire de ce qu'ont dit les poètes de ce siècle. Il remplacerait leurs affirmations par des négations. Réciproquement. S'il est ridicule d'attaquer les premiers principes, il est plus ridicule de les défendre contre ces mêmes attaques. Je ne les défendrai pas.

Le sommeil est une récompense pour les uns, un supplice pour les autres. Pour tous, il est une sanction.

Si la morale de Cléopâtre eût été moins courte, la face de la terre aurait changé. Son nez n'en serait pas devenu plus long.

Les actions cachées sont les plus estimables. Lorsque j'en vois tant dans l'histoire, elles me plaisent beaucoup. Elles n'ont pas été tout à fait cachées. Elles ont été sues. Ce peu, par où elles ont paru, en augmente le mérite. C'est le plus beau de n'avoir pas pu les cacher.

Le charme de la mort n'existe que pour les courageux.

L'homme est si grand, que sa grandeur parait surtout en ce qu'il ne veut pas se connaître misérable. Un arbre ne se connaît pas grand. C'est être grand que de se connaître grand. C'est être grand que de ne pas vouloir se connaître misérable. Sa grandeur réfute ces misères. Grandeur d'un roi.

Lorsque j'écris ma pensée, elle ne m'échappe pas. Cette action me fait souvenir de ma force que j'oublie à toute heure. Je m'instruis à proportion de ma pensée enchaînée. Je ne tends qu'à connaître la contradiction de mon esprit avec le néant.

Le coeur de l'homme est un livre que j'ai appris à estimer.

Non imparfait, non déchu, l'homme n'est plus le grand mystère.

Je ne permets à personne, pas même à Elohim, de douter de ma sincérité.

Nous sommes libres de faire le bien.

Le jugement est infaillible.

Nous ne sommes pas libres de faire le mal.

L'homme est le vainqueur des chimères, la nouveauté de demain, la régularité dont gémit le chaos, le sujet de la conciliation. Il juge de toutes choses. Il n'est pas imbécile. Il n'est pas ver de terre. C'est le dépositaire du vrai, l'amas de certitude, la gloire, non le rebut de l'univers. S'il s'abaisse, je le vante. S'il se vante, je le vante davantage. Je le concilie. Il parvient à comprendre qu'il est la soeur de l'ange.

Il n'y a rien d'incompréhensible.

La pensée n'est pas moins claire que le cristal. Une religion, dont les mensonges s'appuient sur elle, peut la troubler quelques minutes, pour parler de ces effets qui durent longtemps. Pour parler de ces effets qui durent peu de temps, un assassinat de huit personnes aux portes d'une capitale, la troublera—c'est certain -jusqu'à la destruction du mal. La pensée ne tarde pas à reprendre sa limpidité.

La poésie doit avoir pour but la vérité pratique. Elle énonce les rapports qui existent entre les premiers principes et les vérités secondaires de la vie. Chaque chose reste à sa place. La mission de la poésie est difficile. Et elle ne se mêle pas aux événements de la politique, à la manière dont on gouverne un peuple, ne fait pas allusion aux périodes historiques, aux coups d'Etat, aux régicides, aux intrigues des cours. Elle ne parle pas des luttes que l'homme engage, par exception, avec lui-même, avec ses passions. Elle découvre les lois qui font vivre la politique théorique, la paix universelle, les réfutations de Machiavel, les cornets dont se composent les ouvrages de Proudhon, la psychologie de l'humanité. Un poète doit être plus utile qu'aucun citoyen de sa tribu. Son oeuvre est le code des diplomates, des législateurs, des instructeurs de la jeunesse. Nous sommes loin des Homère, des Virgile, des Klopstock, des Camoëns, des imaginations émancipées, des fabricateurs d'odes, des marchands d'épigrammes contre la divinité. Revenons à Confucius, au Boudha, à Socrate, à Jésus-Christ, moralistes qui couraient les villages en souffrant de faim! Il faut compter désormais avec la raison, qui n'opère que sur les facultés qui président à la catégorie des phénomènes de la bonté pure.

Rien n'est plus naturel que de lire le *Discours de la Méthode* après avoir lu *Bérénice*. Rien n'est moins naturel que de lire le *Traité de l'Induction* de Biéchy, le *Problème du Mal* de Naville, après avoir lu les Feuilles d'Automne, les Contemplations. La transition se perd. L'esprit regimbe contre la ferraille, la mystagogie. Le coeur est ahuri devant ces pages qu'un fantoche griffonna. Cette violence l'éclaire. Il ferme le livre. Il verse une larme à la mémoire des auteurs sauvages. Les poètes contemporains ont abusé de leur intelligence. Les philosophes n'ont pas abusé de la leur. Le souvenir des premiers s'éteindra. Les derniers sont classiques.

Racine, Corneille, auraient été capables de composer les ouvrages de Descartes, de Malebranche, de Bâcon. L'âme des premiers est une avec celle des derniers. Lamartine, Hugo, n'auraient pas été capables de composer le *Traité de l'Intelligence*. L'âme de son auteur n'est pas adéquate avec celle des premiers. La fatuité leur a fait perdre les qualités centrales. Lamartine, Hugo, quoique supérieurs à Taine, ne possèdent, comme lui, que des—il est pénible de faire cet aveu—facultés secondaires.

Les tragédies excitent la pitié, la terreur, par le devoir. C'est quelque chose. C'est mauvais. Ce n'est pas si mauvais que le lyrisme moderne. La Médée de Legouvé est préférable à la collection des ouvrages de Byron, de Capendu, de Zaccone, de Félix, de Gagne, de Gaboriau, de Lacordaire, de Sardou, de Goethe, de Ravignan, de Charles Diguet. Quel écrivain d'entre vous, je prie, peut soulever—qu'est-ce? Quels sont ces reniflements de la résistance?—Le poids du *Monologue d'Auguste*! Les vaudevilles barbares de Hugo ne proclament pas le devoir. Les mélodrames de Racine, de Corneille, les romans de La Calprenède le proclament. Lamartine n'est pas capable de composer la Phèdre de Pradon; Hugo, le Venceslas de Rotrou; Sainte-Beuve, les tragédies de Laharpe, de Marmontel. Musset est capable de faire des proverbes. La tragédie est une erreur involontaire, admet la lutte, est le premier pas du bien, ne paraîtra pas dans cet ouvrage. Elle conserve son prestige. Il n'en est pas de même du sophisme,—après —coup le gongorisme métaphysique des autoparodistes de mon temps héroïco-burlesque.

Le principe des cultes est l'orgueil. Il est ridicule d'adresser la parole à Elohim, comme ont fait les Job, les Jérémie, les David, les Salomon, les Turquéty. La prière est un acte faux. La meilleure manière de lui plaire est indirecte, plus conforme à notre force. Elle consiste à rendre notre race heureuse. Il n'y a pas deux manières de plaire à Elohim. L'idée du bien est une. Ce qui est le bien en moins l'étant en plus, je permets que l'on me cite l'exemple de la maternité. Pour plaire à sa mère, un fils ne lui criera pas qu'elle est sage, radieuse, qu'il se conduira de façon à mériter la plupart de ses éloges. Il fait autrement. Au lieu de le dire lui-même, il le fait penser par ses actes, se dépouille de cette tristesse qui gonfle les chiens de Terre-Neuve. Il ne faut pas confondre la bonté d'Elohim avec la trivialité. Chacun est vraisemblable. La familiarité engendre le mépris; la vénération engendre le contraire. Le travail détruit l'abus des sentiments.

Nul raisonneur ne croit contre sa raison.

La foi est une vertu naturelle par laquelle nous acceptons les vérités qu'Elohim nous révèle par la conscience.

Je ne connais pas d'autre grâce que celle d'être né. Un esprit impartial la trouve complète.

Le bien est la victoire sur le mal, la négation du mal. Si l'on chante le bien, le mal est éliminé par cet acte congru. Je ne chante pas ce qu'il ne faut pas faire. Je chante ce qu'il faut faire. Le premier ne contient pas le second. Le second contient le premier.

La jeunesse écoute les conseils de l'âge mur. Elle a une confiance illimitée en elle-même.

Je ne connais pas d'obstacle qui passe les forces de l'esprit humain, sauf la vérité.

La maxime n'a pas besoin d'elle pour se prouver. Un raisonnement demande un raisonnement. La maxime est une loi qui renferme un ensemble de raisonnements. Un raisonnement se complète à mesure qu'il s'approche de la maxime. Devenu maxime, sa perfection rejette les preuves de la métamorphose.

Le doute est un hommage rendu à l espoir. Ce n'est pas un hommage volontaire. L'espoir ne consentirait pas à n'être qu'un hommage.

Le mal s'insurge contre le bien. Il ne peut pas faire moins.

C'est une preuve d'amitié de ne pas s'apercevoir de l'augmentation de celle de nos amis.

L'amour n'est pas le bonheur.

Si nous n'avions point de défauts, nous ne prendrions pas tant de plaisir à nous corriger, à louer dans les autres ce qui nous manque.

Les hommes qui ont pris la résolution de détester leurs semblables ignorent qu'il faut commencer par se détester soi-même.

Les hommes qui ne se battent pas en duel croient que les hommes qui se battent au duel à mort sont courageux.

Comme les turpitudes du roman s'accroupissent aux étalages! Pour un homme qui se perd, comme un autre pour une pièce de cent sous, il semble parfois qu'on tuerait un livre.

Lamartine a cru que la chute d'un ange deviendrait l'Elévation d'un Homme. Il a eu tort de le croire.

Pour faire servir le mal à la cause du bien, je dirai que l'intention du premier est mauvaise.

Une vérité banale renferme plus de génie que les ouvrages de Dickens, de Gustave Aymard, de Victor Hugo, de Landelle. Avec les derniers, un enfant, survivant à l'univers, ne pourrait pas reconstruire l'âme humaine. Avec la première, il le pourrait. Je suppose qu'il ne découvrît pas tôt ou tard la définition du sophisme.

Les mots qui expriment le mal sont destinés à prendre une signification d'utilité. Les idées s'améliorent. Le sens des mots y participe.

Le plagiat est nécessaire. Le progrès l'implique. Il serre de près la phrase d'un auteur, se sert de ses expressions, efface une idée fausse, la remplace par l'idée juste.

Une maxime, pour être bien faite, ne demande pas à être corrigée. Elle demande à être développée.

Dès que l'aurore a paru, les jeunes filles vont cueillir des roses. Un courant d'innocence parcourt les vallons, les capitales, secourt l'intelligence des poètes les plus enthousiastes, laisse tomber des protections pour les berceaux, des couronnes pour la jeunesse, des croyances à l'immortalité pour les vieillards.

J'ai vu les hommes lasser les moralistes a découvrir leur coeur, faire répandre sur eux la bénédiction d'en haut. Ils émettaient des méditations aussi vastes que possible, réjouissaient l'auteur de nos félicités. Ils respectaient l'enfance, la vieillesse, ce qui respire comme ce qui ne respire pas, rendaient hommage à la femme, consacraient à la pudeur les parties que le corps se réserve de nommer. Le firmament, dont j'admets la beauté, la terre, image de mon coeur, furent invoqués par moi, afin de me désigner un homme qui ne se crût pas bon. Le spectacle de ce monstre, s'il eût été réalisé, ne m'aurait pas fait mourir d'étonnement: on meurt à plus. Tout ceci se passe de commentaires.

La raison, le sentiment se conseillent, se suppléent. Quiconque ne connaît qu'un des deux, en renonçant à l'autre, se prive de la totalité des secours qui nous ont été accordés pour nous conduire. Vauvenargues a dit «se prive d'une partie des secours.»

Quoique sa phrase, la mienne reposent sur les personnifications de l'âme dans le sentiment, la raison, celle que je choisirais au hasard ne serait pas meilleure que l'autre, si je les avais faites. L'une ne peut pas être rejetée par moi. L'autre a pu être acceptée de Vauvenargues.

Lorsqu'un prédécesseur emploie au bien un mot qui appartient au mal, il est dangereux que sa phrase subsiste à côté de l'autre. Il vaut mieux laisser au mot la signification du mal. Pour employer au bien un mot qui appartient au mal, il faut en avoir le droit. Celui qui emploie au mal les mots qui appartiennent au bien ne le possède pas. Il n'est pas cru. Personne ne voudrait se servir de la cravate de Gérard de Nerval.

L'âme étant une, l'on peut introduire dans le discours la sensibilité, l'intelligence, la volonté, la raison, l'imagination, la mémoire.

J'avais passé beaucoup de temps dans l'étude des sciences abstraites. Le peu de gens avec qui on communique n'était pas fait pour m'en dégoûter. Quand j'ai commencé l'étude de l'homme, j'ai vu que ces sciences lui sont propres, que je sortais moins de ma condition en y pénétrant que les autres en les ignorant. Je leur, ai pardonné de ne s'y point appliquer! Je ne crus pas trouver beaucoup de compagnons dans l'étude de l'homme. C'est celle qui lui est propre. J'ai été trompé. Il y en a plus qui l'étudient que la géométrie.

Nous perdons la vie avec joie, pourvu qu'on n'en parle point.

Les passions diminuent avec l'âge. L'amour, qu'il ne faut pas classer parmi les passions, diminue de même. Ce qu'il perd d'un côté, il le regagne de l'autre. Il n'est plus sévère pour l'objet de ses voeux, se rendant justice à lui-même: l'expansion est acceptée, Les sens n'ont plus leur aiguillon pour exciter les sexes de la chair. L'amour de l'humanité commence. Dans ces jours où l'homme sent qu'il devient un autel que parent ses vertus, fait le compte de chaque douleur qui se releva, l'âme, dans un repli du coeur où tout semble prendre naissance, sent quelque chose qui ne palpite plus. J'ai nommé le souvenir.

L'écrivain, sans séparer l'une de l'autre, peut indiquer la loi qui régit chacune de ses poésies.

Quelques philosophes sont plus intelligents que quelques poètes. Spinoza, Malebranche, Aristote, Platon, ne sont pas Hégésippe Moreau, Malfilatre, Gilbert, André Chénier.

Faust, Manfred, Konrad, sont des types. Ce ne sont pas encore des types raisonnants. Ce sont déjà des types agitateurs.

Les descriptions sont une prairie, trois rhinocéros, la moitié d'un catafalque. Elles peuvent être le souvenir, la prophétie. Elles ne sont pas le paragraphe que je suis sur le point de terminer.

Le régulateur de l'âme n'est pas le régulateur d'une âme. Le régulateur d'une âme est le régulateur de l'âme, lorsque ces deux espèces d'âmes sont assez confondues pour pouvoir affirmer qu'un régulateur n'est une régulatrice que dans l'imagination d'un fou qui plaisante.

Le phénomène passe. Je cherche les lois.

Il y a des hommes qui ne sont pas des types. Les types ne sont pas des hommes. Il ne faut pas se laisser dominer par l'accidentel.

Les jugements sur la poésie ont plus de valeur que la poésie. Ils sont la philosophie de la poésie. La philosophie, ainsi comprise, englobe la poésie. La poésie ne pourra pas se passer de lu philosophie. La philosophie pourra se passer de la poésie.

Racine n'est pas capable de condenser ses tragédies dans des préceptes. Une tragédie n'est pas un précepte. Pour un même esprit, un précepte est une action plus intelligente qu'une tragédie.

Mettez une plume d'oie dans la main d'un moraliste qui soit écrivain de premier ordre. Il sera supérieur aux poètes.

L'amour de la justice n'est, en la plupart des hommes, que le courage de souffrir l'injustice.

Cache-toi, guerre.

Les sentiments expriment le bonheur, font sourire. L'analyse des sentiments exprime le bonheur, toute personnalité mise à part; fait sourire. Les premiers élèvent l'âme, dépendamment de l'espace, de la durée, jusqu'à la conception de l'humanité, considérée en elle-même, dans ses membres illustres. La dernière élève l'âme, indépendamment de la durée, de l'espace, jusqu'à la conception de l'humanité, considérée dans son expression la plus haute, la volonté! Les premiers s'occupent des vices, des vertus; la dernière ne s'occupe que des vertus. Les sentiments ne connaissent pas l'ordre de leur marche. L'analyse des sentiments apprend à le faire connaître, augmente la vigueur des sentiments. Avec les premiers, tout est incertitude. Ils sont l'expression du bonheur, de la douleur, deux extrêmes. Avec la dernière, tout est certitude. Elle est l'expression de ce bonheur qui résulte, à un moment donné, de savoir se retenir, au milieu des passions bonnes ou mauvaises. Elle emploie son calme à fondre la description de ces passions dans un principe qui circule à travers les pages: la non-existence du mal. Les sentiments pleurent quand il le leur faut, comme quand il ne le leur faut pas. L'analyse des sentiments ne pleure pas. Elle possède une sensibilité latente, qui prend au dépourvu, emporte au-dessus des misères, apprend à se passer de guide, fournit une arme de combat. Les sentiments, marque de la faiblesse, ne sont pas le sentiment! L'analyse du sentiment, marque de la force, engendre les sentiments les plus magnifiques que je connaisse. L'écrivain qui se laisse tromper par les sentiments ne doit pas être mis en ligne de compte avec l'écrivain qui ne se laisse tromper ni par les sentiments, ni par lui-même. La jeunesse se propose des élucubrations sentimentales. L'âge mur commence à raisonner sans trouble. Il ne faisait que sentir, il pense. Il laissait vagabonder ses sensations: voici qu'il leur donne un pilote. Si je considère l'humanité comme une femme, je ne développerai pas que sa jeunesse est à son déclin, que son âge mur s'approche. Son esprit change dans le sens du mieux. L'idéal de sa poésie changera. Les tragédies, les poëmes, les élégies ne primeront plus. Primera la froideur de la maxime! Du temps de Quinault, l'on aurait été capable de comprendre ce que je viens de dire. Grâce à quelques lueurs, éparses, depuis quelques années, dans les revues, les in-folios, j'en suis capable moi-même. Le genre que j'entreprends est aussi différent du genre des moralistes, qui ne font que constater le mal, sans indiquer le remède, que ce dernier ne l'est pas des mélodrames, des oraisons funèbres, de l'ode, de la stance religieuse. Il n'y a pas le sentiment des luttes.

Elohim est fait à l'image de l'homme.

Plusieurs choses certaines sont contredites. Plusieurs choses fausses sont incontredites. La contradiction est la marque de la fausseté. L'incontradiction est la marque de la certitude.

Une philosophie pour les sciences existe. Il n'en existe pas pour la poésie. Je ne connais pas de moraliste qui soit poète de premier ordre. C'est étrange, dira quelqu'un.

C'est une chose horrible de sentir s'écouler ce qu'on possède. L'on ne s'y attache même qu'avec l'envie de chercher s'il n'a point quelque chose de permanent.

L'homme est un sujet vide d'erreurs. Tout lui montre la vérité, Rien ne l'abuse. Les deux principes de la vérité, raison, sens, outre qu'ils ne manquent pas de sincérité, s'éclaircissent l'un l'autre. Les sens éclaircissent la raison par des apparences vraies. Ce même service qu'ils lui font, ils la reçoivent d'elle. Chacun prend sa revanche. Les phénomènes de l'âme pacifient les sens, leur font des impressions que je ne garantis pas fâcheuses. Ils ne mentent pas. Ils ne se trompent pas à l'envie.

La poésie doit être faite par tous. Non par un. Pauvre Hugo! Pauvre Racine! Pauvre Coppée! Pauvre Corneille! Pauvre Boileau! Pauvre Scarron! Tics, tics, et tics.

Les sciences ont deux extrémités qui se touchent. La première est l'ignorance où se trouvent les hommes en naissant. La deuxième est celle qu'atteignent les grandes âmes. Elles ont parcouru ce que les hommes peuvent savoir, trouvent qu'ils savent tout, se rencontrent dans cette même ignorance d'où ils étaient partis. C'est une ignorance savante, qui se connaît. Ceux d'entre eux qui, étant sortis de la première ignorance, n'ont pu arriver à l'autre, ont quelque teinture de cette science suffisante, font les entendus. Ceux-là ne troublent pas le monde, ne jugent pas plus mal de tout que les autres, Le peuple, les habiles composent le train d'une nation. Les autres, qui la respectent, n'en sont pas moins respectés.

Pour savoir les choses, il ne faut pas en savoir le détail. Comme il est fini, nos connaissances sont solides.

L'amour ne se confond pas avec la poésie.

La femme est à mes pieds!

Pour décrire le ciel, il ne faut pas y transporter les matériaux de la terre. Il faut laisser la terre, ses matériaux, là où ils sont, afin d'embellir la vie par son idéal. Tutoyer Elohim, lui adresser la parole, est une bouffonnerie qui n'est pas convenable. Le meilleur moyen d'être reconnaissant envers lui, n'est pas de lui corner aux oreilles qu'il est puissant, qu'il a créé le monde, que nous sommes des vermiceaux en comparaison de sa grandeur. Il le sait mieux que nous. Les hommes peuvent se dispenser de le lui apprendre. Le meilleur moyeu d'être reconnaissant envers lui est de consoler l'humanité, de rapporter tout à elle, de la prendre par la main, de la traiter en frère. C'est plus vrai,

Pour étudier l'ordre, il ne faut pas étudier le désordre. Les expériences scientifiques, comme les tragédies, les stances à ma soeur, le galimatias des infortunes n'ont rien à faire ici-bas.

Toutes les lois ne sont pas bonne à dire.

Etudier le mal, pour faire sortir le bien, n'est pas étudier le bien en lui-même. Un phénomène bon étant donné, je chercherai sa cause.

Jusqu'à présent, l'on a décrit le malheur, pour inspirer la terreur, la pitié. Je décrirai le bonheur pour inspirer leurs contraires.

Une logique existe pour la poésie. Ce n'est pas la même que celle de la philosophie. Les philosophes ne sont pas autant que les poètes. Les poètes ont le droit de se considérer au-dessus des philosophes.

Je n'ai pas besoin de m'occuper de ce que je ferai plus tard. Je devais faire ce que je fais. Je n'ai pas besoin de découvrir quelles choses je découvrirai plus tard. Dans la nouvelle science, chaque chose vient à son tour, telle est son excellence.

Il y a de l'étoffe du poète dans les moralistes, les philosophes. Les poètes renferment le penseur. Chaque caste soupçonne l'autre, développe ses qualités au détriment de celles qui la rapprochent de l'autre caste. La jalousie des premiers ne veut pas avouer que les poètes sont plus forts qu'elle. L'orgueil des derniers se déclare incompétent à rendre justice à des cervelles plus tendres. Quelle que soit l'intelligence d'un homme, il faut que le procédé de penser soit le même pour tous.

L'existence des tics étant constatée, que l'on ne s'étonne pas de voir les mêmes mots revenir plus souvent qu'à leur tour: dans Lamartine, les pleurs qui tombent des naseaux de son cheval, la couleur des cheveux de sa mère; dans Hugo, l'ombre et le détraqué, font partie de la reliure.

La science que j'entreprends est une science distincte de la poésie. Je ne chante pas cette dernière. Je m'efforce de découvrir sa source. A travers le gouvernail qui dirige toute pensée poétique, les professeurs de billard distingueront le développement des thèses sentimentales.

Le théorème est railleur de sa nature. Il n'est pas indécent. Le théorème ne demande pas à servir d'application. L'application qu'on en fait rabaisse le théorème, se rend indécente. Appelez la lutte contre la matière, contre les ravages de l'esprit, application.

Lutter contre le mal, est lui faire trop d'honneur. Si je permets aux hommes de le mépriser, qu'ils ne manquent pas de dire que c'est tout ce que je puis faire pour eux.

L'homme est certain de ne pas se tromper.

Nous ne nous contentons pas de la vie que nous avons en nous. Nous voulons vivre dans l'idée des autres d'une vie imaginaire. Nous nous efforçons de paraître tels que nous sommes. Nous travaillons à conserver cet être imaginaire, qui n'est autre chose que le véritable. Si nous avons la générosité, la fidélité, nous nous empressons de ne pas le faire savoir, afin d'attacher ces vertus à cet être. Nous ne les détachons pas de nous pour les y joindre. Nous sommes vaillants pour acquérir la réputation de ne pas être poltrons. Marque de la capacité de notre être de ne pas être satisfait de l'un sans l'autre, de ne renoncer ni à l'un ni à l'autre. L'homme qui ne vivrait pas pour conserver sa vertu serait infâme.

Malgré la vue de nos grandeurs, qui nous tient à la gorge, nous avons un instinct qui nous corrige, que nous ne pouvons réprimer, qui nous élève!

La nature a des perfections pour montrer qu'elle est l'image d'Elohim, des défauts pour montrer qu'elle n'en est pas moins que l'image.

Il est bon qu'on obéisse aux lois. Le peuple comprend ce qui les rend justes. On ne les quitte pas. Quand on fait dépendre leur justice d'autre chose, il est aisé de la rendre douteuse. Les peuples ne sont pas sujets à se révolter.

Ceux qui sont dans le dérèglement disent à ceux qui sont dans l'ordre que ce sont eux qui s'éloignent de la nature. Ils croient le suivre. Il faut avoir un point fixe pour juger. Où ne trouverons-nous pas ce point dans la morale?

Rien n'est moins étrange que les contrariétés que l'on découvre dans l'homme. Il est fait pour connaître la vérité. Il la cherche. Quand il tâche de la saisir, il s'éblouit, se confond de telle sorte, qu'il ne donne pas sujet à lui en disputer la possession. Les uns veulent ravir à l'homme la connaissance de la vérité, les autres veulent la lui assurer. Chacun emploie des motifs si dissemblables, qu'ils détruisent l'embarras de l'homme. Il n'a pas d'autre lumière que celle qui se trouve dans sa nature.

Nous naissons justes. Chacun tend à soi. C'est envers l'ordre. Il faut tendre au général. La ponte vers soi est la lin de tout désordre, en guerre, en économie.

Les hommes, ayant pu guérir de la mort, de la misère, de l'ignorance, se sont avisés, pour se rendre heureux, de n'y point penser. C'est tout ce qu'ils ont pu inventer pour se consoler de si peu de maux. Consolation richissime. Elle ne va pas à guérir le mal. Elle le cache pour un peu de temps. En le cachant, elle fait qu'on pense à le guérir. Par un légitime renversement de la nature de l'homme, il ne se trouve pas que l'ennui, qui est son mal le plus sensible, soit son plus grand bien. Il peut contribuer plus que toutes choses à lui faire chercher sa guérison. Voilà tout. Le divertissement, qu'il regarde comme son plus grand bien, est son plus infime mal. Il le rapproche plus que toutes choses de chercher le remède à ses maux. L'un et l'autre sont une contre-preuve de la misère, de la corruption de l'homme, hormis de sa grandeur. L'homme s'ennuie, cherche cette multitude d'occupations. Il a l'idée du bonheur qu'il a gagné; lequel trouvant en soi, il le cherche, dans les choses extérieures. Il se contente. Le malheur n'est ni dans nous, ni dans les créatures. Il est en Elohim.

La nature nous rendant heureux en tous états, nos désirs nous figurent un état malheureux. Ils joignent à l'état où nous sommes les peines de l'état où nous ne sommes pas. Quand nous arriverions à ces peines, nous ne serions pas malheureux pour cela, nous aurions d'autres désirs conformes à un nouvel état.

La force de la raison paraît mieux en ceux qui la connaissent qu'en ceux qui ne la connaissent pas.

Nous sommes si peu présomptueux que nous voudrions être connus de la terre, même des gens qui viendront quand nous n'y serons plus. Nous sommes si peu vains, que l'estime de cinq personnes, mettons six, nous amuse, nous honore.

Peu de chose nous console. Beaucoup de chose nous afflige.

La modestie est si naturelle dans le coeur de l'homme, qu'un ouvrier a soin de ne pas se vanter, veut avoir ses admirateurs. Les philosophes en veulent. Les poètes surtout! Ceux qui écrivent en faveur de la gloire veulent avoir la gloire d'avoir bien écrit. Ceux qui le lisent veulent avoir la gloire de l'avoir lu. Moi, qui écris ceci, je me vante d'avoir cette envie. Ceux qui le liront se vanteront de même.

Les inventions des hommes vont en augmentant. La bonté, la malice du monde en général ne reste pas la même.

L'esprit du plus grand homme n'est pas si dépendant, qu'il soit sujet à être troublé par le moindre bruit du *Tintamarre,* qui se fait autour de lui. Il ne faut pas le silence d'un canon pour empêcher ses pensées. Il ne faut pas le bruit d'une girouette, d'une poulie. La mouche ne raisonne pas bien à présent. Un homme bourdonne à ses oreilles. C'en est assez pour la rendre incapable de bon conseil. Si je veux qu'elle puisse trouver la vérité, je chasserai cet animal qui tient sa raison en échec, trouble cette intelligence qui gouverne les royaumes.

L'objet ce ces gens qui jouent à la paume avec tant d'application d'esprit, d'agitation de corps, est celui de se vanter avec leurs amis qu'ils ont mieux joué qu'un autre. C'est la source de leur attachement. Les uns suent dans leurs cabinets pour montrer aux savants qu'ils ont résolu une question d'algèbre qui ne l'avait pu être jusqu'ici. Les autres s'exposent aux périls, pour se vanter d'une place qu'ils auraient prise moins spirituellement, à mon gré. Les derniers se tuent pour remarquer ces choses. Ce n'est pas pour en devenir moins sages. C'est surtout pour montrer qu'ils en connaissent la solidité. Ceux-là sont les moins sots de la bande. Ils le sont avec connaissance. On peut penser des autres qu'ils ne le seraient pas, s'ils n'avaient pas cette connaissance.

L'exemple de la chasteté d'Alexandre n'a pas fait plus de continents que celui de son ivrognerie a fait de tempérants. On n'a pas de honte de n'être pas aussi vertueux que lui. On croit n'être pas tout à fait dans les vertus du commun des hommes, quand on se voit dans les vertus de ces grands hommes. On tient à eux par le bout par où ils tiennent au peuple. Quelque élevés qu'ils soient, ils sont unis au reste des hommes par quelque endroit. Ils ne sont pas suspendus en l'air, séparés de notre société. S'ils sont plus grands que nous, c'est qu'ils ont les pieds aussi haut que les nôtres. Ils sont tous à même niveau, s'appuient sur la même terre. Par cette extrémité, ils sont aussi relevés que nous, que les enfants, un peu plus que les bêtes.

Le meilleur moyen de persuader consiste à ne pas persuader.

Le désespoir est la plus petite de nos erreurs.

Lorsqu'une pensée s'offre à nous comme une vérité qui court les rues, que nous prenons la peine de la développer, nous trouvons que c'est une découverte.

On peut être juste, si l'on n'est pas humain.

Les orages de la jeunesse précèdent les jours brillants.

L'inconscience, le déshonneur, la lubricité, la haine, le mépris des hommes sont à prix d'argent. La libéralité multiplie les avantages des richesses.

Ceux qui ont de la probité dans leurs plaisirs en ont une sincère dans leurs affaires. C'est la marque d'un naturel peu féroce, lorsque le plaisir rend humain.

La modération des grands hommes ne borne que leurs vertus.

C'est offenser les humains que de leur donner des louanges qui élargissent les bornes de leur mérite. Beaucoup de gens sont assez modestes pour souffrir sans peine qu'on les apprécie.

Il faut tout attendre, rien craindre du temps, des hommes.

Si le mérite, la gloire ne rendent pas les hommes malheureux; ce qu'on appelle malheur ne mérite pas leurs regrets. Une âme daigne accepter la fortune, le repos, s'il leur faut superposer la vigueur de ses sentiments, l'essor de son génie.

On estime les grands desseins, lorsqu'on se sent capable des grands succès.

La réserve est l'apprentissage des esprits.

On dit des choses solides, lorsqu'on ne cherche pas à en dire d'extraordinaires.

Rien n'est faux qui soit vrai; rien n'est vrai qui soit faux. Tout est le contraire de songe, de mensonge.

Il ne faut pas croire que ce que la nature a fait aimable soit vicieux. Il n'y a pas de siècle, de peuple qui ait établi des vertus, des vices imaginaires.

On ne peut juger de la beauté de la vie que par celle de la mort.

Un dramaturge peut donner au mot passion une signification d'utilité. Ce n'est plus un dramaturge. Un moraliste donne à n'importe quel mot une signification d'utilité. C'est encore le moraliste!

Qui considère la vie d'un homme y trouve l'histoire du genre. Rien n'a pu le rendre mauvais.

Faut-il que j'écrive en vers pour me séparer des autres hommes? Que la charité prononce!

Le prétexte de ceux qui font le bonheur des autres est qu'ils veulent leur bien.

La générosité jouit des félicités d'autrui, comme si elle en était responsable.

L ordre domine dans le genre humain. La raison, la vertu n'y sont pas les plus fortes.

Les princes font peu d'ingrats. Ils donnent tout ce qu'ils peuvent.

On peut aimer de tout son coeur ceux en qui on reconnaît de grands défauts. Il y aurait de l'impertinence à croire que l'imperfection a seule le droit de nous plaire. Nos faiblesses nous attachent les uns aux autres autant que pourrait le faire ce qui n'est pas la vertu.

Si nos amis nous rendent des services, nous pensons qu'à titre d'amis ils nous les doivent. Nous ne pensons pas du tout qu'ils nous doivent leur inimitié.

Celui qui serait né pour commander, commanderait jusque sur le trône.

Lorsque les devoirs nous ont épuisés, nous croyons avoir épuisé les devoirs. Nous disons que tout peut remplir le coeur de l'homme.

Tout vit par l'action. De là, communication des êtres, harmonie de l'univers. Cette loi si féconde de la nature, nous trouvons que c'est un vice dans l'homme. Il est obligé d'y obéir. Ne pouvant subsister dans le repos, nous concluons qu'il est à sa place.

On sait ce que sont le soleil, les cieux. Nous avons le secret de leurs mouvements. Dans la main d'Elohim, instrument aveugle, ressort insensible, le monde attire nos hommages. Les révolutions des empires, les faces des temps, les nations, les conquérants de la science, cela vient d'un atome qui rampe, ne dure qu'un jour, détruit le spectacle de l'univers dans tous les âges.

Il y a plus de vérité que d'erreurs, plus de bonnes qualités que de mauvaises, plus de plaisirs que de peines. Nous aimons à contrôler le caractère. Nous nous élevons au-dessus de notre espèce. Nous nous enrichissons de la considération dont nous la comblâmes. Nous croyons ne pas pouvoir séparer notre intérêt de celui de l'humanité, ne pas médire du genre sans nous commettre nous-mêmes. Cette vanité ridicule a rempli les livres d'hymnes en faveur de la nature. L'homme est en disgrâce chez ceux qui pensent. C'est à qui le chargera de moins de vices. Quand ne fut-il pas sur le point de se relever, de se faire restituer ses vertus?

Rien n'est dit. L'on vient trop tôt depuis plus de sept-mille ans qu'il y a des hommes. Sur ce qui concerne les moeurs comme sur le reste, le moins bon est élevé. Nous avons l'avantage de travailler après les anciens, les habiles d'entre les modernes.

Nous sommes susceptibles d'amitié, de justice, de compassion, de raison. O mes amis! qu'est-ce donc que l'absence de vertu?

Tant que mes amis ne mourront pas, je ne parlerai pas de la mort.

Nous sommes consternés de nos rechutes, de voir que nos malheurs ont pu nous corriger de nos défauts.

On ne peut juger de la beauté de la mort que par celle de la vie.

Les trois points terminateurs me font hausser les épaules de pitié. A-t-on besoin de cela pour prouver que l'on est un homme d'esprit, c'est-à-dire un imbécile? Comme si la clarté ne valait pas le vague, à propos de points!

Milton Keynes UK
Ingram Content Group UK Ltd.
UKHW050924170424
441314UK00004B/211